BEI GRIN MACHT SICH IHR WISSEN BEZAHLT

AF141840

- Wir veröffentlichen Ihre Hausarbeit,
  Bachelor- und Masterarbeit

- Ihr eigenes eBook und Buch -
  weltweit in allen wichtigen Shops

- Verdienen Sie an jedem Verkauf

Jetzt bei www.GRIN.com hochladen
und kostenlos publizieren

GRIN ☺

Bibliografische Information der Deutschen Nationalbibliothek:

Die Deutsche Bibliothek verzeichnet diese Publikation in der Deutschen National-bibliografie; detaillierte bibliografische Daten sind im Internet über http://dnb.d-nb.de/ abrufbar.

Impressum:

Copyright © 2019 GRIN Verlag
Druck und Bindung: Books on Demand GmbH, Norderstedt Germany
ISBN: 9783346105066

Dieses Buch bei GRIN:

https://www.grin.com/document/513213

Josef Muehlbauer

Kritik und Utopie des Queeranarchismus

Queer- und postanarchistische Subjektkonstitution und Ontologie

GRIN Verlag

GRIN - Your knowledge has value

Der GRIN Verlag publiziert seit 1998 wissenschaftliche Arbeiten von Studenten, Hochschullehrern und anderen Akademikern als eBook und gedrucktes Buch. Die Verlagswebsite www.grin.com ist die ideale Plattform zur Veröffentlichung von Hausarbeiten, Abschlussarbeiten, wissenschaftlichen Aufsätzen, Dissertationen und Fachbüchern.

Besuchen Sie uns im Internet:

http://www.grin.com/

http://www.facebook.com/grincom

http://www.twitter.com/grin_com

Seminararbeit

Kritik und Utopie des Queeranarchismus

Queer- und postanarchistische Subjektkonstitution und Ontologie

Verfasser:

Josef Muehlbauer

Wien, im Juni 2019

Studienrichtung: Politikwissenschaft

Studienfach: (Ma8) Geschlecht und Politik (2019S)

Inhaltsverzeichnis

1. Einleitung und Forschungsfrage 3

    Fragestellung und methodologische Vorgehensweise.. 4

    Wissenschaftliche und gesellschaftliche Relevanz... 4

2. Begriffsbestimmungen 5

    Queer(-anarchismus) 5

    (Post-)Anarchismus... 6

    Utopien 7

3. Radikale Kritik als Öffnung utopischer Horizonte 8

    Radikale Kritik an staatlicher Subjektkonstitution.. 9

    Mut zur (Selbst-)Kritik... 10

    Radikale Kritik als kognitive Landkarte... 12

4. Utopische Gegenräume: Relationale Subjektkonstitution und Ontologie 13

    Positionalität und Wechselseitigkeit.. 13

    (Kollektive) Selbstbestimmung statt politische Repräsentation.................................. 14

    Utopische Gegenräume I: RQSP und präfigurative Politik.. 15

    Utopische Gegenräume II: Queeruption, Free Skools, Reziproke Ethik und Antihegemonie 16

5. Conclusio..18

1. Einleitung und Forschungsfrage

Viele Akademiker*innen wie Pauline Bader (2011), Ulrich Brand (2009) und Alex Demirović (2013) konstatieren eine multiple Krise. Diese besteht aus einem interdependenten Verhältnis zwischen ökonomischer (kapitalistische Akkumulation), ökologischer (klimatische Selbstzerstörung) und u.a. einer politischen (Demokratie-)Krise. Dem ist noch die analytische Kategorie von (hegemonialer) Männlichkeit hinzuzufügen (Connell 2015, Nicholas & Agius 2018):[1] Das männliche Idealbild des militarisierten und physisch überlegenen Bürgers erhält im neoliberalen, schöpferischen und autonomen Subjekt (man denke an *The Wolf of Wall Street*, oder an den Schumpeterianischen Unternehmer) eine weitere Facette. Vom Aufstieg rechtspopulistischer, fundamentalistischer und rückwärtsgewandter Bewegungen und Parteien bis hin zu einer Diplomatie der Sanktionen und einer weltweiter Militarisierung (vgl. SIPRI 2018) materialisieren sich diese Krisensymptome, bzw. Herrschaftsverhältnisse auch in konkreten Formen. Als falsche Lösung wird von konservativer Seite u.a. das „malthusian couple" (Foucault), also stereotypische Familien- und Rollenbilder angeboten. Doch die bestehenden Probleme, Klischees und negativen Tendenzen haben auch positive Seiten. Zum einen helfen sie uns über bestehende Macht- und Herrschafts-, sowie Geschlechterverhältnisse und über Annahmen die für „gegeben wahrgenommen werden" kritisch nachzudenken. Zum anderen sind Krisenzeiten ein guter Nährboden für Utopien (vgl. Amberger/ Möbuis 2017: 5) und somit für alternative Gesellschaftsmodelle bzw. antihegemoniale Gegenräume. Damit sind im Grunde schon zwei, nämlich das Konzept der Kritik und das Konzept der Utopie angesprochen worden, die fundamental sind für postanarchistische und queerfeministische Theorien (vgl. Kap. 2). Genau diese theoretischen Strömungen, so meine These, bleiben nicht bei einer radikalen Kritik stehen, sondern öffnen Perspektiven für mögliche Alternativen und Gegenräume die jenseits von Geschlechter- und Herrschaftsverhältnisse fungieren (Nicholas 2009, 2014). Und damit möchte ich auch schon zur konkreten Fragestellung überleiten:

---

1 Diese Maskulinität zeigt sich epistemologisch und ontologisch in der kulturellen Dominanz von vermeintlicher Neutralität, Objektivität und nicht zuletzt in Form vom Universalismus. Darüber hinaus zeigt sich diese Denk- und Handlungsmuster anhand der cartesianischen Aufwertung der Rationalität, der Vernunft und der Kultur, über dem Emotionalen, über der Natur (vgl. Nicholas & Agius 2018: 12ff.): *Masculinism seems a timely way to understand the neutralised mode of understanding the world, and rationalising decisions and relations that are framed as logical and indisputable, such as the hegemonic discourses of universal liberalism, the 'universalization of Western liberal democracy as the final form of human government' (Fukuyama 1989: 3). (Nicholas & Angius 2018: 143).*

Fragestellung und methodologische Vorgehensweise

Die zentrale Frage die in dieser Arbeit beantwortet wird lautet:

Worin besteht das utopische Potential des Queeranarchismus?

Eine weitere damit eng verbundene Frage, die jedoch im Rahmen dieser kurz gehaltenen Arbeit nur am Rande beantwortet werden kann, lautet: Welche Perspektiven auf „den Staat" und auf die kapitalistische Produktionsweise eröffnen sich mit dem Queeranarchismus? Ich versuche anlehnend an Lucy Nicholas (2009, 2014), Daring (et al. 2017) und Heckert (2010) postanarchistische, poststrukturalistische und queerfeministische Theorien und Ansätze zu verbinden, um ihr utopisches Potential offen zu legen und um bestehende Geschlechter- und Herrschaftsverhältnisse zu erfassen und zu dekonstruieren. Ein persönliches Ziel dieser Herangehensweise ist es, radikale und alternative Denkmuster und utopische Sichtweisen, die zu einem emanzipatorischen und möglichst herrschaftsfreien Handeln anleiten sollen, sichtbar zu machen.

Wissenschaftliche und gesellschaftliche Relevanz

Die wissenschaftliche Bedeutung gewinnt dieser queeranarchistische Beitrag in Anlehnung an Nicholas (2009, 2014, 2018) und mit Elementen von Darling (et al. 2017), Lohschelder (et al. 2009) und u.a. Pechriggl (et al. 2009) dadurch, dass das Konzept der relationalen Subjektkonstitution bzw. Ontologie kaum in Bezug zu Queer Theorien und in Kombination mit dem (Post-)Anarchismus gedacht wurde. In Gordon (2010) wird zwar die prefigurative Politik, in Newman (2010) die Grundlagen des postfundamentalem Denken des Postanarchismus und in Rousselle (2013) die ontologischen Grundlagen des Anarchismus angeschnitten, jedoch blenden all diese Bücher und Beiträge die sexuelle Differenz und die Queer Theorien aus. Lediglich in Heckert (2017) und Shepard (2010) werden z.T. solche queer-anarchistische Ansätze verfolgt. Nicholas hingegen geht es um die Transzendierung von den Kategorien sex/gender, welche als Elemente des Selbst, bzw. der Identität angesehen werden und um das reziproke Verhältnis von Subjekten, die nicht auf Differenz oder Antagonismen reduziert werden.

Gesellschaftspolitisch ist dieser Beitrag insofern von zentraler Bedeutung, weil er eine herrschaftsfreie Denkweise und Praxis im Umgang mit sexuellen Differenzen beleuchtet. Es geht um die Schaffung eines Bewusstseins, aber auch eines „künftiges Ortes", bei welchem die Menschen sich als situiert, und relational zu anderen Menschen begreifen – somit ihre (sexuelle) Identität transzendieren und diese reziprok verstehen. Um das zu zeigen bedarf es vorher einer Definierung der zentralen Begriffe und theoretischen Ansätze dieser Arbeit.

2. Begriffsbestimmungen

Nun geht es einerseits darum die zentralen Begriffe dieser Arbeit und die verwendeten Theorien zu erläutern. Andererseits werden die Ähnlichkeiten von queerfeministischen und postanarchistischen Ansätzen und Theorien aufgezeigt werden (Kuhn 2008, Newman 2010, Ehrlich 1978, Nicholas 2009, 2014, Heckert 2010, 2017, Lohschelder et al. 2009, Daring et al 2017). Die nachfolgenden drei Begriffe bzw. theoretischen Ansätze können daher unter „Anarchafeminismus", bzw. unter „Queeranarchismus" subsumiert werden. Dies ist ein Versuch den Queeranarchismus zu definieren und sein utopisches Potential zu beschreiben.

Queer(-anarchismus)

1990 erschien Judith Butlers „Gender Trouble", ein Buch das für die Gender Studies geschlechtertheoretisch herausfordernd und für die Etablierung der Queer Studies zentral werden sollte (Bargetz & Ludwig 2015: 9). Der Begriff queer wurde lange Zeit abwertend besetzt, bis er in den 1980er und 1990er durch emanzipatorische Bewegungen eine Neubewertung erlebte. Queer stand wörtlich für seltsam, wunderlich, eigenartig und verdächtig. Er weist in seiner Verwendung eine hohe Flexibilität auf, da es als Substantiv, Adjektiv und als Verb verwendet wird (vgl. Daring et al. 2017). Anstelle des Substantiv – ein weiterer Marker von Identität – wird nun „queer" oft als Adjektiv verwendet, damit die eigene Positionierung, anstatt „das Wesen der Person" beschrieben wird (ebd.). Der Begriff queer impliziert demnach einen Widerstand gegen das „Normale", gegen die heteronormative Matrix" (Butler)[2], sowie Auflehnung gegen Formen des Essentialismus (Nicholas 2014: 5). Des Weiteren werden damit entgegengesetzte Binaritäten und Hierarchien dekonstruiert (ebd.). Identität wird als kontingent und provisorisch erfasst (ebd.: 6).

Vor allem bei Lucy Nicholas, aber auch bei Jamie Hackert finden wir eine queeranarchistische Herangehensweise, die ähnlich dem Postanarchismus (Newman 2010) die Dichotomie von Theorie und Praxis zu überwinden versucht (Nicholas 2014: 12) und Macht- und Herrschaftsverhältnisse aufdeckt. Nicholas strebt eine Dekonstruktion der sexuellen Differenzen an und gleichzeitig eine ethische Rekonstruktion, welche mit einer *non-*

---

2 „Von Adrienne Rich (1980) geprägt und von Monique Wittig (1992) und Judith Butler weiter entwickelt, bezeichnet dieser Begriff in Butlers Worten: „ein hegemoniales diskursives/ epistemologisches Modell der Geschlechter-Intelligibilität [...], das folgendes unterstellt. Damit die Körper eine Einheit bilden, und sinnvoll sind, muss es ein festes Geschlecht geben, das durch eine feste Geschlechteridentität zum Ausdruck gebracht wird, die durch die zwanghafte Praxis der Heterosexualität gegensätzlich und hierarchisch definiert ist" (Funk 2018: 89).

foundational Ontologie des Werdens (Potentialität) und der Reziprozität verbunden ist (ebd.: 13f.). Diese „antifundamentalistische" Ontologie erkennt man vor allem im Anarchismus: Dessen etymologischer Ursprung liegt nämlich aus dem griechischen „anarchia" und bedeutet so viel wie „Herrschaftslosigkeit". Die ontologische Grundlage zeichnet sich durch das griechische an-archê – gegen einen „Urgrund der Welt" sein aus, oder anders formuliert: sich gegen einen letzten Grund des Seins wenden. Weiters charakterisiert sie sich durch das lateinische an-arkhía – sich gegen Macht, Herrschaft und Autorität stellen (vgl. Marshall 2010). Deswegen wird der queeranarchistische Kampf gegen die kapitalistische Produktionsweise und gegen staatliche Repression gleichzeitig mit den Kämpfen gegen jegliche institutionalisierte Macht geführt, da Ausbeutung stets Hand in Hand mit politischer und sozialer Unterdrückung geht (Rocker 2004: 11, Heckert 2010). Durch die Betonung der Gleichzeitigkeit der Kämpfe gegen alle Formen der Unterdrückung, unterstreicht der queeranarchistische Ansatz zudem seine intersektionale Herangehensweise (vgl. Heckert/ Shannon & Willis 2015: 747). In Anlehnung an Bargetz & Ludwig (2015: 9) betrachte ich queerfeministische Theorien als Instrumente, welche Gesellschaften begreifen, kritisieren und letztlich auch verändern können:

> *„Queerfeministische politische Theorie soll demzufolge dazu beitragen können, die Analyse von Gesellschaft(en), Staat(lichkeit), Macht- und Herrschaftsverhältnissen, Ein- und Ausschlüssen, Widersprüchen und Paradoxien zu schärfen und das Nachdenken über das Politische, Kritik und Utopien weiter anzuregen"* (ebd.).

(Post-)Anarchismus

Anarchismus gilt als politische Ideenlehre, welche jegliche Unterdrückung von Menschen über Menschen, als auch jegliche auf Dauer gestellte hierarchische Machtstruktur ablehnt (vgl. Göhler 1993). Anarchist*innen streben demnach eine freie, gleichberechtigte Gesellschaft an. Die Mitglieder einer solchen Gesellschaft sollen befähigt und ermutigt werden, ihre privaten und gesellschaftlichen Bedürfnisse ohne Hierarchie[3] und Bevormundung mit einem Minimum an Entfremdung selbst in die Hand zu nehmen. Die Eckpfeiler sind: Freiheit und Solidarität (vgl. Stowasser 1995: 10ff). Mit Anarchismus bezeichnet man*frau[4] Utopien, die dem Staat,

---

3 Der Anspruch des Anarchismus, bzw. der Versuch, die eigenen Gruppen möglichst unhierarchisch und ohne AnführerInnen zu organisieren, kann zu informellen Hierarchien, unsichtbaren Arbeitsteilungen und unreflektierten Erwartungshaltungen führen, die bestehende (patriarchale) Machtverhältnisse auf subtile Weise fortschreiben (vgl. Freeman 1972 zit. in Loick 2017: 98).

4 Um patriarchale Strukturen aufzudecken, sollten Feminist*innen laut Pusch die Sprache analysieren und in diesem Sinne auf die „Verdrängung des Femininum aus der (nicht nur deutschen) Sprache", bzw. zugespitzter

dem Privateigentum an Produktionsmittel und selbst der repräsentativen Demokratie gegenüber kritisch gesinnt sind (vgl. Neumann 1974: 147f; Senft 2006). Theoretiker*innen des „klassischen Anarchismus" wie Bakunin, aber vor allem Proudhon gehen jedoch von essentialistischen Kategorien aus und ihre Bücher enthalten darüber hinaus sexistische und antisemitische Passagen (vgl. Trimbur 2009 zit. in Loick 2017: 70). Ich schließe mich daher Kuhn (2008: 225) und Newman (2010) an und erachte die poststrukturalistischen Einflüsse, als auch die radikale Selbstkritik und die damit einhergehende Erneuerung der „klassischen" anarchistischen Tradition durch eine Kritik ihrer epistemologischen Grundlagen für notwendig, um die allerletzten „Mikrofaschismen" (Deleuze/ Guattari 1972) zu entdecken, zu dekonstruieren und schlussendlich zu überwinden. Postanarchismus zählt also, wie Franks (2007: 1) feststellt, zur "Familie" des Anarchismus, weist aber folgende spezifische Merkmale auf: *"rejection of [permanent] essentialism, a preference for randomness, fluidity, hybridity and a repudiation of vanguard tactics, which includes a critique of occidental assumptions in the framing of anarchism."*[5] Da jedoch die analytische Kategorie "Geschlecht" größtenteils ausgelassen, bzw. nicht explizit erwähnt wird (Kuhn 2008, Newman 2010) bediene ich mich queerfeministischer bzw. queeranarchistischer Theorien und Ansätzen um diese Lücke zu schließen.

Utopien

Der Begriff Utopie wurde maßgeblich von Thomas Morus und sein Roman Utopia (1516) geprägt. Darin beschreibt Morus die beste Staatsverfassung und berichtet über die neue Insel namens „Utopia". Seither wurde der Begriff zur literarisch-politischen Gattung und steht für Kritik und Transzendierung der Gegenwart (vgl. Amberger/ Möbuis 2017: 2, Schönpflug 2005: 65). Utopien sind also verfasste Alternativen zum gesellschaftlichen Ist-Zustand und können

---

formuliert auf die „sprachliche Vernichtung der Frau", aufmerksam machen (vgl. Pusch 1984). Insofern verwende ich fortlaufend in meiner Arbeit für den Begriff „man", die inklusivere Form: „Man(n)*Frau" bzw. man*frau, wobei das Sternzeichen für alle weitere Genderformen bzw. Geschlechter steht.

5 Die Verwandtschaft von folgenden Denktraditionen können unter dem Begriff Anarchismus subsumiert werden. Individualistische Anarchisten (von Egoisten wie Max Stirner bis Benjamin Tucker und Richard Wolff); Anarchokapitalisten (Robert Nozick, Murray Rothbard, Ludwig von Mises) und deren Verbündete vom Libertarismus; Anarchosyndikalisten (Noam Chomsky, Rudolf Rocker); Kollektivistischer Anarchismus (Michail Bakunin); Sozialer Anarchismus (P.J.-Proudhon, Gustav Landauer); Anarchokommunisten (Pjotr A. Kropotkin); Antiglobalisierungsanarchisten (David Gräber, Russell Brand) (vgl. Franks 2007: 3f.). Ökoanarchisten (Janet Biel, Murray Bookchin) und einige Ethnologen die nur schwer einzuordnen sind, wären auch zu nennen (Harold Barclay oder u.a. Pierre Clastres).

neue gesellschaftliche Verhältnisse abbilden, sich auf das Diesseits beziehen, einen polit-ökonomischen Charakter aufweisen oder aber den Entwurf eines „neuen Menschen" skizzieren. Utopien können auch als „hybrides Gebilde" beschrieben werden, da sie zwar dem Genre der Literaturwissenschaft zugeordnet werden, zugleich aber von Politolog*innen, Historiker*innen, Soziolog*innen und Philosoph*innen als Forschungsgegenstand reklamiert werden (vgl. Saage 2008: 9, Kreisky 2000: 11f.). Ich gehe davon aus, dass Utopien, eine (literarisch-ideologische) Antwort und Reaktion auf die bestehenden Macht- und Herrschaftsverhältnisse darstellen und nicht so leicht als Phantasterei abgestempelt werden können (vgl. Kreisky 2000). Für Newman hat der Anarchismus eine utopische und somit eine zugleich radikale Dimension: *„Anarchism would be considered utopian by many, indeed most, on the political left. Yet, there is an inevitable utopian dimension in radical politics; indeed, this is what makes it radical. I shall argue that utopianism – or a certain articulation of it – should therefore be asserted rather than disavowed"* (Newman 2010: 2). Dies geschieht damit mehr Platz für eine »kommende Demokratie« (Derrida 1992), bzw. eine »kommende Gemeinschaft« (Agamben 2003) geschaffen wird, jenseits traditioneller und auf Dauer gestellter Merkmale wie Nationalität, Ethnizität, Religion und u.a. Geschlecht. Ähnlich „dem Feminismus" (verstanden als Forderung nach radikaler Veränderung, Schönpflug 2005: 66) sind queer- und postanarchistische Ansätze als Dichotomie von Theorie und Praxis zu verstehen, welche eine Kritik an patriarchalen, androzentrischen und kapitalistischen Strukturen und Herrschaftsverhältnissen implizieren (vgl. Kreisky 2000: 23, Daring et al. 2017). Nicht zuletzt, können Utopien auch als affektive Mobilisierung dienen, da sie auf eine Möglichkeit, eine Gegenerzählung, eine „gesellschaftstheoretische Visualisierung" (Meißner 2015: 213) hinarbeiten (vgl. Bloch 1985)[6]. Diesen Aspekt analysiere ich im folgenden Kapitel mit dem Konzept der „kognitiven Landkarte". Damit komme ich auch schon zur radikalen Kritik und somit auf die Potentialität dieser soeben beschriebenen Ansätze zu sprechen.

3. Radikale Kritik als Öffnung utopischer Horizonte

Dieses Kapitel befasst sich nun mit der Frage, warum das Konzept der Kritik essentiell für die Bildung queeranarchistischer Theorien ist (Bargetz & Freudenschuss 2013). Generell gesprochen geht es bei der Kritik darum hegemoniale Strukturen und Denkweisen

---

6 Bloch unterscheidet zwischen „abstrakten" und „konkreten" Utopien. Konkret wird eine Utopie wenn sie auf das politische Handeln und auf realisierbare und prozesshaft-konkrete Handlungen eingeht (vgl. Bloch 1949: 209, zit in: Kreisky 200: 25).

herauszufordern und in Frage zu stellen (ebd.). Dieser radikale Modus von Kritik[7] kann mit Brigitte Bargetz & Magdalena Freudenschuss (2013) auch als feministische Wissensproduktion angesehen werden. Es geht also nicht bloß darum reine Kritik zu üben, sondern Unterdrückungs- und Herrschaftsverhältnissen einzublenden und sichtbar zu machen. Darüber hinaus gilt es mit dieser Kritik zu zeigen, warum queeranarchistische Theorien und Praxen ihr utopisches Potential nicht in staatlichen und kapitalistischen Gesellschaftsformationen entfalten können.

Die queere Kritik an dichotome Geschlechterkategorien, an essentialistische Identitäten und auch an der heterosexuellen Matrix sind nämlich eng verwoben mit der Entstehung des modernen Nationalstaates und auch mit der bürgerlich-kapitalistischen Demokratie (Habermann 2009: 76f., Pechriggl et al. 2009, Bargetz & Ludwig 2015). In Anlehnung an Hund (1993) und Foucault (1978) geht queere Kritik sogar noch weiter: Die Entstehung des Nationalstaates und der bürgerlichen repräsentativen Demokratie ist nämlich von Sexismus und Rassismus nicht zu trennen (Habermann 2009: 77; Pechriggl et al. 2009). Werfen wir daher einen Blick auf die (staatliche) Subjektkonstitution.

Radikale Kritik an staatlicher Subjektkonstitution

Haberler et al. (2012: 13) mit dem Sammelband *Que[e]r zum Staat* bestimmen in Anlehnung an Butler, Foucault und Althusser, die Subjektkonstitution als Effekte der Staatsmacht. Mit dem Begriff der Gouvernementalität („Führung der Führungen", Foucault 1987: 255) versteht man*frau staatliche Macht, als jene die Individuen in Kategorien einteilt, sie an ihre Identität bindet und ihnen das Gesetz der Wahrheit auferlegt, die sie in sich selbst und die anderen in ihnen zu erkennen haben (ebd., vgl. Bargetz et al. 2015). Mit der Biopolitik gehen intersektionale[8] Trennlinien wie hierarchische Geschlechterverhältnisse, Heteronormativität, Rassismus, Klassenverhältnisse, und able-bodiedness einher (Haberler et al. 2012: 13). Diese historische Genealogie des Staates, bzw. Dekonstruktion hat folglich auch Konsequenzen für die Subjektkonstitution:

---

7 Die radikale Kritik entfaltet sich auch in feministischen Demokratietheorien welche laut Barbara Holland-Cunz (2006: 239f.) herrschaftskritisch, partizipatorisch, direktdemokratisch (basis- bzw- rätedemokratisch), verantwortungsorientiert und radikal (anti-sexistisch und rassistisch, klassenherrschaftskritisch) sind.

8 Der Begriff geht auf die Juristin Kimberly Crenshaw (1989) zurück und zeigt auf die Interdependenzen verschiedener Unterdrückungs- und Machtverhältnisse auf.

„Bezogen auf das Verhältnis von Staat und Subjekten haben feministische Arbeiten argumentiert, dass der Genese des modernen, „westlichen" Nationalstaats sowie einzelne Politiken das Idealbild des männlichen Subjekts zugrunde gelegt ist (vgl. Appelt 1997; Rumpf 1995; Wilde 2001)." (Haberler et al. 2012: 13).

Die queerfeministische Kritik von Staat und Subjektkonstitution bleibt hier jedoch nicht stehen (vgl. auch Bargetz et al. 2015). In Anlehnung an Judith Butler (1993) und ihrem Konzept der heterosexuellen Matrix, wird gezeigt, dass die Intelligibilität von Körpern und Subjekten an die Materialisierung von Zweigeschlechtlichkeit gebunden ist (Haberler et al. 2012: 13). Anders gesagt: Körper, Begehren und Subjekte sind machtvolle Konstruktion, welche moderne „westliche" gesellschaftliche Ordnung mitformen und zugleich die Naturalisierung von Geschlecht, (Hetero-)Sexualität, Hierarchien, Ausschlüsse, Gewalt und Ausbeutung legitimieren (ebd.). Das Ineinandergreifen all dieser Macht- Herrschafts- und Geschlechterverhältnisse verläuft also entlang intersektionaler Kategorien und Dimensionen (Bronner/ Paulus 2017: 14f). Identität, Subjektkonstituierung und Heteronormativität sind also keine ahistorischen und universellen Kategorien, sondern müssen stets im historischen, geopolitischen und ökonomischen Kontext an konkreten sexuelle Politiken, Normierungen, Normalisierungen und Ausschlüsse analysiert werden (Haberler et al. 2012: 16). Heißt dies nun, dass wir „das Subjekt" verneinen, ablehnen oder ignorieren sollen? Die queere und postanarchistische Antwort lautet ganz klar: Nein. Die Frage der Subjektkonstitution ist wesentlich komplexer: Für den Anarchisten Stirner, sowie für Butler und Foucault ist das Subjekt eine von Machtverhältnissen durchgezogene Konstruktion, also als ein Prozess zu verstehen, welcher dem Subjekt im Diskurs eine (immerwährende) Essenz zuschreibt (vgl. Balzer 2014, Newman 2001: 75ff.). Das Subjekt wird demnach von gesellschaftlichen Diskursen, Praktiken, Rituale, Werte, Normen und somit durch gesellschaftliche Macht- und Herrschaftsverhältnisse nicht nur geformt, sondern auch gesetzt (vgl. ebd.).

Mut zur (Selbst-)Kritik

Entgegen der Vorstellung eines autonomen Subjekts, betonen die genannten Denker*innen die Geschichtlichkeit und Eingebundenheit des Subjekts in soziale Lebensverhältnisse. Dies hat zur Folge, dass das Subjekt nicht der Ort oder „Ansprechpartner" des Widerstandes sein kann, da es nicht als Anfang, wie bei Descartes, sondern als Ende einer langen Kausalkette zu sehen ist. Somit lässt sich mit den Worten Butlers sagen, dass kein Subjekt sein eigener Ausgangspunkt ist (Butler 1993: 41). Diskurse materialisieren nicht mit einem einzigen fundierenden Akt, sondern mittels regulierter, permanenter und ritualisierter Wiederholung, den (sexualisierten) Körper und bestimmen somit das Subjekt (vgl. Butler 1991 zit. in Balzer

2014: 424). Dies ist jedoch keine Verneinung oder Nichtanerkennung des Subjekts, sondern eine Infragestellung seiner Konstruktion als vorgegebene oder normativ als Grundlage dienende (foundationalist) Prämisse (Butler 1993: 41 zit. in Balzer 2014). Der Anarchist Bakunin versteht diesen Zusammenhang ähnlich. Das gesellschaftliche Umfeld und die öffentliche Meinung üben im positiven wie im negativen Sinne einen starken Einfluss auf das „freie" Denken aus. So fällt es dem Subjekt schwer, sich gegen eine soziale Tyrannei (insbesondere gegen den Staat) zu empören, da er als gesellschaftliches Produkt zum Teil gegen sich selbst rebellieren muss (vgl. Bakunin 1882: 142 zit. in Lawen 1996: 183). Das Rebellieren, geht also mit „Mut" (Arendt), bzw. mit Verantwortungsbewusstsein (Bakunin 1882; Nicholas 2009) einher. Dem ist so, da immer wenn man*frau sich gegen die Fundamente der Gesellschaft, des Staates und gegen die damit verbundenen subjektivierenden Machtmechanismen auflehnt, muss man*frau sich, sein Denken und seine Identität gleichzeitig hinterfragen. Mit anderen Worten: Aufgrund des „konstitutiven Paradox" (Butler 2001a: 18 zit. in Balzer 2014: 433), ist die staatliche bzw. gesellschaftliche Macht einerseits positiv zu verstehen da sie uns zu Subjekten konstituiert, andererseits sind wir diesen Prozess unterworfen und ausgesetzt.[9] Die Konsequenz die Anarchist*innen wie Bookchin (1985) oder Kropotkin (2012 [1902] zit. in Grubačić 2016) daraus ziehen, basiert daher auf autonomen Individuen die mittels Kooperation und gegenseitiger Hilfe ein (un-)bewusstes Verantwortungsgefühl und eine mit der Umwelt und Gesellschaft verschmolzene und daher pluralistische Identität formen. Genau hier sehe ich die Parallele zum Queeranarchismus von Lucy Nicholas (2009: 11, 2014). Ihr geht es nämlich um die Entfaltung einer relationalen Subjektkonstitution bzw. Ontologie. Dies behandle ich im Detail im nächsten Kapitel. Weiters möchte ich noch zeigen, inwieweit utopische Horizonte durch die bisher erwähnte radikale Gesellschaftskritik bzw. Kritik der (staatlichen) Subjektkonstitution eröffnet werden.

---

9 Das Subjekt unterwirft sich also paradoxerweise freiwillig, „weil die Unterwerfung ein Teil des gesellschaftlichen Prozesses ist, durch den Anerkennbarkeit erreicht wird. Oder anders formuliert: Die Formung seiner selbst ist stets von der Macht [also Umgebung, Verhältnisse etc.] abhängig" (vgl. Butler 2001a: 14 zit. Balzer 2014: 438). An Butler anlehnend, welche auf Althusser und Foucault zurückgreift, kann postanarchistische Kritik an der Subjektivierung auch folgendermaßen formuliert werden. „*Wie Foucault weist auch Althusser die – aus seiner Sicht ideologische – (humanistische) Vorstellung eines mit Freiheit und (freiem) Bewusstsein ausgestatteten Subjekts zurück und entfaltet die These, dass „das" Subjekt als ein Produkt der Ideologie und der ideologischen Staatsapparate zu verstehen ist*" (vgl. Althusser 1977: 139 zit. in Balzer 2014: 443). Vgl. hierbei auch Newman 2010.

Da die repräsentative Demokratie (Habermann 2009), der Nationalstaat (Haberler et al. 2012), die kapitalistische Produktionsweise (Voß & Wolter 2013) und die heteronormative Matrix (Butler) dekonstruiert werden, müssen im queeren und im postanarchistischen Denken und Handeln neue antihegemoniale Gegenräume geschaffen werden (Holloway 2002, Nicholas 2009, 2014). Wie schon in Kapitel 2 gezeigt wurde, enthalten queere und postanarchistische Ansätze utopische Elemente, da sie als verfasste Alternativen zum gesellschaftlichen Ist-Zustand zu verstehen sind und somit gegenwärtige Macht- und Herrschaftsverhältnisse transzendieren (vgl. Kap. 2). Doch worin genau liegt der utopische Horizont in der bisher beschriebenen Kritik des Queeranarchismus? All das bis hierher beschriebene dient als Kontrastfolie und als horizontale Linie, die einerseits den realpolitischen Status quo abbildet und andererseits als Abgrenzung (als Negation) von queeren- bzw. postanarchistischen Gesellschaftskonzeptionen zu verstehen ist. Die Kritik kann als „kognitive Landkarte" unserer gesellschaftlichen Situation angesehen werden. Mit dieser Landkarte lässt sich die Lücke zwischen der individuellen Positionalität einerseits und der systemischen „Totalität" von Macht- und Herrschaftsverhältnissen andererseits teilweise schließen (vgl. Toscano & Kinkle 2015). Diese Landkarte kann auch als kritische Kartografie dienen, da sie einen Raum des Politischen absteckt, der über Staat(lichkeit) hinausweist und ein komplexes und weit gefächertes Netz politischer Orte bzw. Dimensionen des Politischen aufspannt (Bargetz 2016: 39). Dieses kritische *mind mapping* ist kein Zustand des Träumens oder des Wunsches, sondern stets ein Teil von dem radikalen Modus der Kritik und einer utopischen queerfeministischen Wissensproduktion. Analog verhält es sich mit der Sprache:

Das Nicht-Sein, bzw. noch-nicht-gewordene ist stets ein komplementärer Teil unserer Begriffswelt. Gerhardt bringt es diesbezüglich auf den Punkt: *„Eine Welt aus reinen Begriffen wäre ein Widerspruch in sich, da Begriffe ein Sein somit implizit das vorhanden sein von »Nicht-Sein«, also noch nicht gewordenes Sein ebenfalls beschreiben"* (vgl. Gerhardt 2000: 38f.). Auch Theorien enthalten selektive Dimensionen des (Un)Sichtbaren bzw. (Un)Wahrnehmbaren, da sie uns „die Wirklichkeit" in bestimmter Weise intelligibel machen (Haraway 2004: 64, Meißner 2015: 212). Da wir Menschen stets aus unserer individuellen Position aus, die Gesellschaft und Welt um uns herum betrachten und da wir nie zur Gänze alle Phänomene und die Komplexität der Welt verstehen und vorhersehen können, besteht in unserem menschlichen Handeln eine gewisse „Spontanität" (vgl. Gerhardt 2000). Dies eröffnet eine Chance, oder mit Judith Butler gesprochen eine Phantasie (Butler 2009: 53). Mit Hesse (1960: 26) müssten wir also sagen: damit das Mögliche entsteht, muss immer wieder das

Unmögliche (Unvorhersehbare; Chance) zunächst gedacht, dann versucht werden. Es geht also im queer- bzw. postanarchistischen Denken um ein »schöpferisches Werden« (Nietzsche 1999), bzw. um eine gewisse »Kreativität« (Kuhn 2007). Diese kann als Bedingung einer Möglichkeit eines Ereignisses, also in Abgrenzung zu einem rein statischen Sein betrachtet werden.

Deswegen müssen im Rahmen einer queeranarchistischen Utopie, die gesellschaftlichen Spielregeln, die für selbstverständlich genommenen Diskurse und Begriffe ständig hinterfragt und neu ausgehandelt werden, da sie von Macht- und Herrschaftsverhältnissen durchdrungen sind.

Dieses hier angesprochene prozessartige Element des „Werdens" wird wie ich im nächsten Kapitel zeigen werden, ein zentraler Ansatz bei Lucy Nicholas (2009: 13; 2014). Zunächst möchte ich mich den queeranarchistischen Gegenräumlichkeiten widmen.

4. Utopische Gegenräume: Relationale Subjektkonstitution und Ontologie

Wie im vorherigen Kapitel schon erwähnt, entstehen Gegenräume in kritischer Abgrenzung zu den bestehenden Macht- und Herrschaftsverhältnissen. Mit anderen Worten öffnet die radikale Kritik Räume der Phantasie (Butler 2009: 53), um so das „noch-nicht-gewordene" zu denken. Bevor ich auf die praktischen Beispielen, also konkrete, utopische, queeranarchistische Gegenräumlichkeiten zu sprechen komme, möchte ich mich dem Konzept der relationalen Ontologie des Queeranarchismus widmen.

Positionalität und Wechselseitigkeit

Im vorigen Kapitel wurde schon auf die queeranarchistische Kritik hingewiesen, welche besagt dass das kulturelle Konstrukt (Zwangsheterosexualität) der biologischen Essenz von Geschlechterkategorien vorgeschaltet ist (vgl. auch Funk 2018: 91). Dieser scheinbare Zirkelschluss, den Butler mit der Aussage: „Hinter den Äußerungen der Geschlechteridentität (gender) liegt keine geschlechtlich bestimmte Identität" zusammenfasst, bildet den Kern des Genderbegriff und der Vorstellung von Identität bei Lucy Nicholas (2009, 2014) (vgl. Funk 2018: 91). Jede (Geschlechts-)Identität ist performativ, also als materialisierte und inszenierte Umsetzung einer Idee (vgl. das Konzept Parodie)[10]. Genau hier setzt die relationale Ontologie des Queeranarchismus an. Es geht hierbei um die Kondition des Subjekts von „Selbst/ Andere/

---

10 Da im Rahmen der ständigen Wiederholung (Iterabilität) stets eine immanente Möglichkeit der Veränderung vorhanden ist, können queere Momente der Parodie als Widerstand gegen fixierte Identitäten gewertet werden. Die parodistische, paradoxe und deviante Reproduktion von Geschlechtsidentitäten, wie sie Conchita Wurst exemplarisch in Szene gesetzt hat, stellt dabei eine performative Umsetzung von Queer-Theorien dar (vgl. Funk 2018: 96).

Situation" (Beauvoir 1980): Das Individuum wird als historisch, gesellschaftlich und kulturell situiert betrachtet. Zusätzlich sind Subjekte immer schon mit „den Anderen" verbunden, von ihnen abhängig und in einem intersubjektiven Verhältnis gesetzt (Nicholas 2009: 2). (Geschlechter-)Identität, Subjekt und Individuum werden stets durch ihre Situiertheit und Wechselseitigkeit verstanden und nicht durch ein Differenzdenken oder Antagonismus. Mit anderen Worten: Das Subjekt bzw. die (Geschlechter)Identität wird nicht mehr in Abgrenzung zum Anderen verstanden, sondern beide ergeben eine immanent-relationale Verbindung. Und: das Handeln alleine wird zur Essenz (vgl. Nicholas 2014: 2). (Geschlechter-)Identität wird somit nicht mehr als fixe, stabile und sedimentierte Eigenschaft, sondern als ein andauernder und stets unvollendeter Prozess aufgefasst. Auch Sexualität wird nicht mehr in essentialistischen Kategorien gedacht, sondern über die jeweilige Handlung.

(Kollektive) Selbstbestimmung statt politische Repräsentation

Da (Geschlechter-)Identität fluide verstanden wird, hat dies auch Implikationen auf Konzepte der (politischen) Repräsentation: Die Frage die hier im Raum geworfen wird lautet: Welchen utopischen Gehalt hat diese Form von Subjektkonstitution und wie werden diese Identitätsformen überhaupt demokratisch repräsentiert? Mit anderen Worten: Wie kann das unrepräsentierbare (fluide Identität) überhaupt repräsentiert werden?

> „Where Deleuze (Foucault, 1977c) spoke of 'the indignity of speaking for others,' queer anarchism might emphasize the dignity of listening." (Heckert/ Shannon & Willis 2015: 749).

Das utopische Potential des Queeranarchismus liegt in der Ablehnung von (politischer) Repräsentation und der Hervorhebung von Konzepten wie: „deep listening", „empowerment", „DIY (do-it-yourself)" und (kollektive) Selbstbestimmung (vgl. Newman 2010, Heckert et al. 2015). Vor allem das DIY-Prinzip wird in den kommenden real existierenden Beispielen von großer Bedeutung sein. Warum jedoch Repräsentation abgelehnt wird zeige ich im Folgenden: Die Repräsentation von „Frauen" bspw. ist nur dann sinnvoll, wenn das Subjekt "Frau" vorausgesetzt wird. Wie schon mehrfach erwähnt, wenden sich Butler und queeranarchistische Ansätze gegen solche Formen von Essentialismus und dichotome Kategorien. Daher trägt die Annahme eines „feministischen Subjekts" namens „Frau" unweigerlich Ausschlüsse anderen Positionen und Identitätsmerkmale (Rasse, Klasse…). Eine vorontologische und vorgesellschaftliche Integrität des Individuums wird daher kategorisch als Metaphysik abgestempelt und als androzentrischen Mythos abgelehnt. Daher lehnen queerfeministische Ansätze auch die repräsentative Demokratie ab, da diese „im Sinne einer Vertretung nicht nur immer schon hierarchisch, also pyramidal angelegt ist, sie setzt ebenso die Subsumtion der Einzelnen unter ein vertretbares Allgemeines voraus" (Pechriggl 1993: 123f. zit. in Issop 2009: 50). Die Folge davon: Selbst repräsentative Demokratie mit einer 50% Frauenquote wird abgelehnt, denn diese Art der Geschlechterdemokratie bestärkt die Illusion, es sei a priori legitim, wenn eine Minderheit von Frauen innerhalb hierarchischer Organisationen eine Mehrheit von vertritt (ebd.: 52). Im nächsten Absatz soll also gezeigt werden wie utopische und queeranarchistische Räume jenseits von Repräsentation, Staat(lichkeit) und mit dem Prinzip von DIY konkret aussehen.

Utopische Gegenräume I: RQSP und präfigurative Politik

Wo bleibt der utopische Gegenraum in Anbetracht des gesagten? Eine mögliche (utopische) Lösung wäre die Losdemokratie, bei der nicht nach Identität, sondern per Zufall die politischen Ämter verteilt werden (ebd.: 63).[11] Weitere (futuristische bzw. utopistische) Lösungsvorschläge bieten uns Farhang Rouhani (2012) mit dem Richmond Queer Space Projekt (RQSP), oder Lucy Nicholas (2009) mit den Queeruption, Queer Mutiny und den Free Skools. RQSP ist als ein queeranarchistisches Projekt anzusehen, dass sich gegen Formen von Hierarchien und für partizipatorische und konsensorientierte Entscheidungsmodelle engagiert (Rouhani 2012). Es entstand 2001 als die sog. Richmond queers einen materiellen und symbolischen Raum für queere Personen in einem Kaufhaus bildeten. Als sie 2002 von der Polizei vertrieben wurden, trafen sie sich im Universitätscampus von Richmond. RQSP zeichnete sich (zumindest in den Anfangsjahren[12]) genauso wie Queeruption und Queer Mutiny, durch die präfigurative Politik aus (ebd., vgl. Nicholas 2009). Präfigurative Politik wird meist von radikalen sozialen Bewegungen praktiziert, die einen Fokus auf autonome, kooperierende und dezentrale Netzwerke haben. Weitere Merkmale der präfigurativen Politik. Gemäß dem anarchistischen Credo „Propaganda der Tat" hat die Praxis ausgedrückt als „Direkte Aktion" einen hohen Stellenwert bei der Schaffung egalitärer Strukturen (vgl. Gordon 2010). Konkret heißt das: Im Modus „Jetzt und Hier" werden Freiräume erkämpft und kreative Gegenkulturen, jenseits von kapitalistischer Produktionsweise, patriarchalen Denkmuster und staatlicher Herrschaft nicht

---

11 Barbara Holland-Cunz (2006: 339) macht mit dem Rekurs auf Anne Philips (1991) jedoch auf Schwächen partizipatorischer, bzw. basisdemokratischer Entscheidungsstrukturen aufmerksam. Diese sind enthalten bzw. sind gekennzeichnet durch: Ineffizienz, falscher Konsens, Verweigerung von Verfahrensformalisierungen, sich darauf ergebende informelle Machteliten, kein legitimer Repräsentationsanspruch nach außen und nicht zuletzt die abscheulichen Erfahrungen der Räte- bzw. Basisdemokratien der Vergangenheit (Holland-Cunz 2006: 338f.).

12 Im Verlauf wurde die ideologische Ausrichtung vom RQSP deradikalisiert und auch Formen von Identitätspolitik konnten entdeckt werden (vgl. Daring et al. 2017).

nur gedacht sondern vor allem gelebt (ebd.). Nicht abstrakte politische Forderungen, sondern vielmehr der Weg an sich wird als prozessartiges Ziel und konkrete Utopie betrachtet. Die Unterscheidung zwischen den emanzipatorischen Kämpfen in der Gegenwart und den künftigen utopischen Zielen verschmelzen. Das Reale und die Ideale werden eins. Daher kommt auch das Motto von der Bewegung namens Queeruption: „building alternatives and living our dreams" (Nicholas 2014: 196). Ähnlich wie bei der anarchafeministischen Utopie von Le Guin (Die Enteigneten) wird nicht eine gezielte Utopie und ein spezifisches Ziel anvisiert, sondern der utopische Weg an sich wird als dauerhafter Prozess und als konstruktiver Dissens (Mouffe 1997) verstanden (Nicholas 2014: 180ff.). Der Mensch und auch die Gesellschaft werden als Potenz, als Kapazität und als ein permanentes Werden statt als Essenz gedacht.

Utopische Gegenräume II: Queeruption, Free Skools, Reziproke Ethik und Antihegemonie

Das bisher gesagte hat auch Konsequenzen auf das Machtverständnis, da das permanente Werden und das prozessartige Denken nicht mehr wie im klassischen Marxismus bzw. Anarchismus ein einziges Ziel anvisiert, oder den einen Kampf sucht den es zu überwinden gilt. Subjektkonstitutionen und Gesellschaftsformationen werden somit antihegemonial gedacht (Nicholas 2009: 8f.), da die Gleichzeitig von Unterdrückungsverhältnisse betont wird: Mit den Worten des Anarchisten John Holloway geht es in der queeranarchistischen Praxis und Utopie darum „die Welt zu verändern ohne dabei Macht zu übernehmen" (Holloway 2002). Diese Art der herrschaftsfreien Autonomie setzt wie wir gleich sehen werden auf gegenseitige Anerkennung, Respekt, mutual aid (Kropotkin), Transparenz, sowie auf das gemeinsame Lernen und Teilen. Macht in diesem Sinne lässt somit „non-subordinating norms" (Allen) zu, die ermächtigen (power to) und nicht unterdrücken (subordinating norms) (vgl. Nicholas 2009: 8ff.). Aus diesem Machtverständnis resultiert nicht nur eine antihegemoniale sondern auch eine reziproke Ethik. Nicht zufällig zitiert daher Nicholas den Geographen und Anarchisten Petr Kropotkin mit seinem Werk *Gegenseitige Hilfe*. In Verantwortung zu den Anderen und in Solidarität mit den Anderen konstituiert sich die Freiheit des (queeranarchistischen) Subjekts (vgl. Nicholas 2009, 2014; Haug 2018). Solche Gedanken der Reziprozität finden wir beim Anarchisten Bakunin (S.9), aber auch beim Anarchisten Malatesta – sind also tief verankert in der anarchistischen Subjektkonstitution:

> *"Likewise, the Italian anarchist, Errico Malatesta (1920) suggested a reciprocal relationship between people and institutions (rather than seeing the economic structure as being 'the real foundation' of social existence): "Between man [sic] and his social environment there is a reciprocal action. Men make society what it is and society makes men what they are, and the result is therefore a kind of vicious circle. To transform*

society men must be changed, and to transform men, society must be changed." (zit. nach Heckert et al 2015: 747).

Mit diesem Zitat hab ich nicht nur die Ähnlichkeiten zwischen (Post-)Anarchismus, queeranarchistischer und radikalfeministischer Theorie und Praxis aufzeigen wollen (vgl. auch Shepard 2010), sondern wollte auch zeigen, dass die relationale Ontologie mit antihegemonialer bzw. herrschaftsfreier Ethik einhergeht. Diese Ethik lässt sich auch in der Praxis, nämlich in der anarchistischen Pädagogik der Free Skools entdecken. Diese Art der Pädagogik versteht die Wissensvermittlung als situiert und kontextabhängig (Nicholas 2009). Hierarchische Strukturen und Positionen wie z.B. das „Lehrer-Schüler"-Verhältnis werden dekonstruiert und gänzlich anders gedacht und gelebt. In den erwähnten queeranarchistischen Communities und Bewegungen wie u.a. der Queeruption wird nämlich Wissen auch als Prozess und zwar als gemeinsamer Lebens- und Lernprozess verstanden (ebd.). Das Ziel dieser Pädagogik ist ähnlich dem Kant'schen Motto eine „Anleitung zur Selbstleitung", also als eine Art „mündig werden" und Emanzipation zu betrachten. Diesem Ideal und dieser Logik folgt auch das Prinzip des DIY (Do It Yourself), welches bei den Festivitäten der Queeruption praktiziert wird. Dabei werden die Mitglieder einer Gruppe bzw. Bewegung ermutigt und unterstützt ihre Angelegenheiten und Probleme selbst in die Hand zu nehmen. Auch hier ist das Ziel nicht „repräsentiert und abgebildet zu werden"[13], oder paternalistische Hilfe zu erhalten, sondern Eigenständigkeit, Mündigkeit und weitestgehend Autonomie und Solidarität. Es geht beim jährlichen internationalen Queeruption-Festival also auch um die Schaffung von safe spaces, wo queeranarchistische Personen sich gegenseitig inspirieren, sich selbst repräsentieren, für sich selbst sprechen lernen, sich gemeinsam organisieren und das „mainstream bzw. malestream" Gesellschaftsmodell kritisch herausfordern. Workshops, Bücherbörsen und Diskussionsrunden während des Tages und Musik- und Kunstveranstaltungen am Abend, zeichnen das radikale Event aus. Mit dem Slogan von 2003: „Queeruption is non-commercial" erteilte diese Bewegung auch dem neoliberalen Kommerzialisierungsdrang eine deutliche Absage. Mit diesen konkreten und gelebten utopischen Beispielen des Queeranarchismus hab ich die Wichtigkeit der Konzepte von relationaler Subjektkonstitution bzw. reziproker Ethik von Lucy Nicholas (2009, 2014) nochmal stark machen wollen. Und somit komme ich zur Konklusion.

---

13 Vgl. hierzu die Repräsentationskritik von Butler (1993, 1997, 2017) und Kristeva (2000).

5. Conclusio

Eingangs habe ich nach dem utopischen Potential von queeranarchistischen Ansätzen gefragt. Dieses Potential entfaltet sich erstens über den Modus radikaler Kritik und somit über die queerfeministische Wissensproduktion (vgl. Bargetz & Freudenschuss 2013). Dadurch wird nicht nur Kritik an der (staatlichen) Subjektkonstitution geübt, sondern auch eine kognitive Landkarte nachgezeichnet, die Platz für Phantasie und somit für utopische Gegenräume schafft (vgl. Kap 3). Wie schon im Kap. 3 angeschnitten bedarf diese Form der Kritik auch Mut, da Fundamente verloren gehen und da man*frau das eigene Selbst und sein eigenes Denken (permanent) in Frage stellt. Zuvor wurde mittels Begriffsbestimmung (Kap. 2) nicht nur auf die Ähnlichkeit von queerfeministischen und postanarchistischen Ansätzen hingewiesen, sondern es wurde der Begriff Queeranarchismus näher definiert.

Queeranarchismus wurde in starker Anlehnung an Lucy Nicholas folgendermaßen nachgezeichnet: In Abgrenzung zum Essentialismus hält Nicholas an einer konstruktivistischen Philosophie fest, welche von kontingenten, veränderbaren, hintergehbaren und relativen Konstrukten ausgeht. Nicholas bleibt jedoch nicht bei dem Dualismus von sex/gender stehen, der von einem biologischen und einem sozial konstruierten Geschlecht ausgeht, sondern vereint de Beauvoirs Existentialismus („Transzendenz der Immanenz") und Butlers relationale Ontologie (und deren Konzept von Performance). Zu dem bringt sie diese relationale Ontologie in Zusammenhang mit (post-)anarchistischen und queeren Praktiken (DIY, Queeruption, Queer Mutiny, Free Skool). Sie deckt somit nicht nur die bestehenden Macht- und Herrschaftsverhältnisse, den Androzentrismus und die heteronormative Matrix auf, sondern versucht darüber hinaus Sphären und Orte aufzuzeigen in denen Subjekte die ontologische Einheit von „Selbst/Andere/Situation" (Beauvoir 1980) in Freiheit und gleichzeitig in völliger Verantwortung (Proudhon, Kropotkin) im „Jetzt und Hier" (Vgl. Gordon 2010), also mittels prefigurativer Politik leben. Diese Art der herrschaftsfreien Autonomie setzt auf gegenseitige Anerkennung, Respekt und Transparenz, sowie auf gemeinsames Lernen und Teilen (Solidarität bzw. reziproke Ethik). Damit geht sie von einer non-foundational Ontologie aus, welche deckungsgleich mit der anarchistischen Ontologie ist (vgl. Rousselle 2013, Kap. 2.2).

Das utopische Potential queeranarchistischer Theorie und Praxis liegt wie schon erwähnt in seiner radikalen Kritik der Gegenwart (Kap. 3), in seiner Transzendierung der Geschlechteridentitäten und in der Schaffung konkreter und antihegemonialer Gegenräume, welche auch als safe spaces für queere Personen angesehen werden können. Anhand von konkreten Gegenräumlichkeiten (Queeruption, Queer Mutiny, RQSP und den Free Skools) wurde das utopische Element des Queeranarchismus beschrieben: In diesen

Gegenräumlichkeiten lernen die Einzelnen von- und miteinander und zwar jenseits der hierarchischen Wissensvermittlung (Free Skools). Dort versuchen die Einzelnen in der Gegenwart die utopische Zukunft vorwegzunehmen (präfigurative Politik) und sie erkennen ihre Positionalität und Relationalität an (Kap. 4). Somit werden (Geschlechter-)Identitäten und Subjekte als situiert und in gegenseitiger Wechselseitigkeit verstanden. Sexualität und Identität wird mit anderen Worten über das Handeln und nicht über eine Essenz definiert. Dadurch entsteht in queeranarchistischen Räumen eine reziproke Ethik des gegenseitigen Zuhörens und des gegenseitigen Respekts (Kap. 4). Auch wurde beschrieben, dass queeranarchistische Gegenräume antihegemonial konfiguriert sind, daher auf politische Repräsentation verzichten (S. 14f.). Ein weiteres utopisches Element wurde ebenfalls angeschnitten: Das queeranarchistische Prinzip DIY durchzieht die erwähnten konkreten Beispiele (Queeruption und RQSP) und kann als Anleitungen zur Selbstleitung verstanden werden (vgl. S.17). Das Ziel des DIY-Prinzips ist es, die Mitglieder einer solchen queeranarchistischen Gruppierung zu befähigen und ermutigen, ihre privaten und gesellschaftlichen Bedürfnisse ohne Hierarchie und Bevormundung mit einem Minimum an Entfremdung selbst in die Hand zu nehmen (vgl. auch S.6 und 16f.).

In Summe: Kritik ist wie ich nachzeichnen konnte ein essentieller Bestandteil queeranarchistischer Theoriebildung und Utopie. Man könnte auch behaupten, dass Kritik und Utopie zwei Seiten einer Medaille seien. Damit entfacht der Queeranarchismus in Anlehnung an Lucy Nicholas sein utopisches Potential erst über den radikalen Modus der Kritik. Mit einer Analogie zur Sprachphilosophie (S.12) habe ich nochmals unterstreichen wollen, dass das utopische zwar ein Nicht-Sein, bzw. noch-nicht-gewordenes darstellt, jedoch als Bestandteil des Seins (als Möglichkeit gedacht) immer schon vorhanden ist.

Quellen- und Literaturverzeichnis

Agamben, Giorgio (2003): Die kommende Gesellschaft. Berlin: Merve.

Amberger, Alexander/ Möbius, Thomas (2017): Auf Utopias Spuren: Utopien und Utopienforschung. Festschrift für Richard Saage zum 75. Geburtstag. Wiesbaden: Springer VS.

Bader, Pauline/ Becker, Florian/ Demirović, Alex & Dück, Julia (2011): Krisendynamiken im neoliberalen Kapitalismus. VSA Verlag, Hamburg.

Bargetz, Brigitte (2013): Feministische Wissensproduktion als Modus von Kritik. In: Femina Politica Nr. 2, 2013.

Bargetz, Brigitte & Ludwig, Gundula (2015): Perspektiven queerfeministischer politischer Theorie. Bausteine einer queerfeministischen politischen Theorie. In: Femina Politica Nr. 1, 2015, S. 9-24.

Bargetz, Brigitte (2016): Ambivalenzen des Alltags. Neuorientierung für eine Theorie des Politischen. Bielefeld: Transcript Verlag.

Bloch, Ernst (1985): Das Prinzip der Hoffnung, Bd.5. Suhrkamp Verlag.

Bloch, Ernst (1987), Freiheit und Ordnung, Abriss der Sozialutopien, Reclam Verlag, Leipzig.

Brand, Ulrich (2009): Die Multiple Krise – Dynamiken und Zusammenhang der Krisendimension, Anforderungen an politische Institutionen und Chancen progressiver Politik, Heinrich Böll Stiftung.

Bronner, Kerstin/ Paulus, Stefan (2017), Intersektionalität: Geschichte, Theorie und Praxis. Eine Einführung für das Studium der Sozialen Arbeit und der Erziehungswissenschaft, Barbara Budrich Verlag, Opladen, Toronto.

Butler, Judith (1993): Kontingente Grundlagen: Der Feminismus und die Frage der »Postmoderne". In: Benhabib, Seyla et al. Der Streit um Differenz. Frankfurt am Main: Fischer. 31-57.

Butler, Judith (1997): Excitable Speech: A Politics of the Performative. New York: Verso.

Butler, Judith (2009): Die Macht der Geschlechternormen. Frankfurt am Main: Suhrkamp.

Butler, Judith (2013): Am Scheideweg. Judentum und die Kritik am Zionismus. Frankfurt am Main: Campus.

Butler, Judith (2017): Körper von Gewicht. Die diskursiven Grenzen des Geschlechts. Berlin: Suhrkamp.

Connell, Raewyn (2015): Der gemachte Mann. Konstruktion und Krise von Männlichkeit. Wiesbaden: Springer.

Crenshaw, Kimberlé W. (1989), Demarginalizing the Intersection of Race and Sex: A Black Feminist Critique of Antidiscrimination Doctrine, Feminist Theory and Antiracist Politics. In: University of Chicago Legal Forum 1989, 139 – 167.

Daring, C.B./ Rogue, J./ Shannon, D. & Volcano, A. (2017): Anarchismus Queeren. Über Macht und Begehren in queeren und herrschaftskritischen Kontexten. Münster: Unrast.

Deleuze, Gilles/ Guattari Pierre-Felix (1972): Anti-Ödipus. Kapitalismus und Schizophrenie I. Frankfurt am Main: Suhrkamp.

Demirović, Alex (2013): Multiple Krise, autoritäre Demokratie und radikaldemokratische Erneuerung. In: PROKLA 171.

Derrida, Jacques (1992): Das andere Kap. Die vertagte Demokratie. Zwei Essays zu Europa. Frankfurt am Main: Suhrkamp.

Ehrlich, Carole (1978), "Socialism, Anarchism & Feminism", Black Bear, London.

Foucault, Michel (2013): Die Hauptwerke. Frankfurt am Main: Suhrkamp.

Franks, Benjamin (2007): Postanarchism: A Critical Assessment. Journal of Political Ideologies 12(2): 127-145.

Freeman, Jo (1972): »The tyranny of structurelessness«. Second Wave 2(1): 20-33.

Funk, Wolfgang (2018): Gender Studies. Leiden/ Paderborn: Wilhelm Fink Verlag.

Göhler, Gerhard/ Klein, Ansgar (1993): Anarchismus. In: Hans-Joachim Lieber (Hg): Politische Theorien von der Antike bis zur Gegenwart. Bonn: Bundeszentrale für politische Bildung.

Gordon, Uri (2010): Hier und Jetzt. Anarchistische Praxis und Theorie. Edition Nautilus. Hamburg: Lutz Schulenburg.

Haberler, Helga/ Hajek, Katharina/ Ludwig, Gundula & Paloni, Sara (Hg.) (2012): Que[e]r zum Staat. Heternormativitätskritische Perspektiven auf Staat, Macht und Gesellschaft. Berlin: Querverlag.

Haraway, Donna (2004): The Promises of Monsters: A Regenerative Politics for Inappropriate/ d Others. The Haraway Reader. London: Routledge. S. 63-124.

Haug, Franziska (2018): Queerfeministische Solidarität zwischen Kollektivität und Identität. Zeitschrift für Kultur- und Kollektivwissenschaft. Band 4. Heft 1. 235–262.

Heckert, Jamie (2010): "Anarchism and sexuality", a special issue of sexualities. 13 (4).

Heckert, Jamie/ Shannon, Deric & Willis, Abbey (2015): Queer Anarchism. In: International Encyclopedia of Social & Behavioral Sciences. 2nd Edition. Vol. 19. S. 747-751.

Heckert, Jamie (2017): Anarchie ohne Opposition, In: Daring et al. (2017): Anarchismus Queeren. Über Macht und Begehren in queeren und herrschaftskritischen Kontexten. Münster: Unrast. 75-90.

Holland-Cunz, Barbara (2006): Zum Verhältnis von Utopieproduktion und Demokratietheorie – am Beispiel des Feminismus. In: Alex Rüdiger, Eva-Maria Seng (Hg.): Dimensionen der Politik: Aufklärung – Utopie – Demokratie. Festschrift für Richard Saage zum 65. Geburtstag. Berlin: Duncker & Humblot. S. 335-344.

Holloway, John (2002): Change the World Without Taking Power: The Meaning of Revolution Today, Pluto Press, London.

Kreisky, Eva (2000): „Die Phantasie ist nicht an der Macht". Vom Verschleiß des Utopischen im 20. Jahrhundert. In: ÖZP, 29 (2000). S. 7-28.

Kristeva, Julia (2000): Crisis of the European Subject. New York: Other Press.

Kropotkin, Peter (2005) [1902], Gegenseitige Hilfe, herausgegeben von: Henning Ritter, Trotzdem Verlag, Grafenau.

Kuhn, Gabriel (2008): »Neuer Anarchismus«. In den USA. Seattle und die Folgen. Münster: Unrast.

Kurz-Scherf, Ingrid/ Dzewas, Imke/ Lieb, Anja & Reusch, Marie (Hg.) (2006): Reader: Feministische Politik & Wissenschaft. Positionen, Perspektiven, Anregungen aus Geschichte und Gegenwart. Königstein/ Taunus: Ulrike Helmer Verlag.

Lohschelder, Silke/ Dubowny, Lione M./ Gutschmidt, Ines (2009), AnarchaFeminismus: Auf den Spuren einer Utopie, Unrast Verlag, Münster.

Loick, Daniel (2017): Anarchismus zur Einführung. Hamburg: Junius.

Ludwig, Gundula (2015): Geschlecht. Macht. Staat. Feministische staatstheoretische Interventionen. Toronto/ Opladen/ Berlin: Barbara Budrich.

Meißner, Hanna (2015): Gesellschaftstheoretische Wissensproduktion: Performative Visualisierung und das Denken des Un/Möglichen. In: Susanne Völker, Michele Amacker (Hg.): Prekarisierung. Arbeit, Sorge und Politik. Weinheim/ Basel: Beltz.

Morus, Thomas (2015) [1516], Utopia, Verlag der Contumax GmbH & Co. KG, Berlin.

Neumann, Franz (Hg.) (1974): Politische Theorien und Ideologien. Einführungen, Baden-Baden: Signal-Verlag.

Newman, Saul (2010): The Politics of Postanarchism. Edinburgh: Edinburgh University Press.

Nicholas, Lucy (2009): A Radical Queer Utopian Future: A Reciprocal Relation Beyond Sexual Difference. In: Third Space. Vol. 8. Issue 2. S. 1-21.

Nicholas, Lucy (2014): queer post-gender ethics. the shape of selves to come. London: Palgrave MacMillan.

Nicholas, Lucy & Agius, Christine (2018): The Persistence of Global Masculinism. Discorce, Gender and Neo-Colonial Re-Articulation of Violence. London: Palgrave Macmillan.

Pechriggl, Alice/ Mertlitsch, Kirstin/ Isop, Utta & Hipfl, Brigitte (Hg.) (2009): Über Geschlechterdemokratie hinaus. Klagenfurt: Drava Verlag.

Pusch, Luise F. (1984): Das Deutsche als Männersprache. Frankfurt am Main: Suhrkamp.

Rocker, Rudolf (2004): Anarcho-syndicalism: Theory and Practice. Oakland: AK Press.

Rouhani, Farhang (2012): Anarchism, Geography and Queer Space-making: Building Bridges Over Chasms We Create. In: ACME: An International E-Journal for Critical Geographies. 11(3). S. 373-392.

Saage, Richard (2004): Utopische Profile. Widersprüche und Synthesen des 20. Jahrhunderts. Münster: LIT.

Schönpflug, Karin (2005): Ökonomische Visionen feministischer Utopien. In: Kurswechsel 1(2005). S. 64-74.

Shepard, Benjamin (2010): Bridging the divide between queer theory and anarchism. In: Sexualitites 13(4). S.511-527.

Stowasser, Horst (1995): Freiheit pur: Die Idee des Anarchismus, Geschichte und Zukunft. Frankfurt am Main: Eichborn.

Toscano, Alberto & Kinkle, Jeff (2015): Cartographies of the absolute. Zero Books.

Voß, Heinz-Jürgen & Wolter, Salih Alexander (2013): Queer und (Anti-)Kapitalismus. Stuttgart: Schmetterling Verlag.